새가족 양육교재

만나서 반갑습니다

기독교대한감리회 교육국 엮음

kmc

교회는 새롭게 등록한 사람을 내 가족처럼 사랑해야 합니다. 예수님은 누가복음 15장 7절에서 "한 사람이 회개하면 하늘에서는 회개할 것 없는 의인 아흔아홉으로 말미암아 기뻐하는 것보다 더하리라"고 말씀하셨습니다. 이는 회개하고 돌아오는 한 생명의 소중함을 강조하신 것입니다.

주님께로 돌아온 영혼을 잘 양육하는 것이 얼마나 중요한지 알기에 교육국에서는 새가족을 위한 교재를 만들었습니다. 이 교재는 교회에 새로 등록한 사람, 즉 기독교로 개종한 사람, 예수님을 믿기로 결심한 사람들을 대상으로 한 양육교재입니다.

개체교회에서 실시하는 새가족 양육 프로그램을 살펴보니 주일날 바쁜 일정에 쫓겨 새가족과 만나는 시간이 무척 짧았습니다. 그중에는 새가족과의 만남은 있지만 양육과정이 전혀 없는 교회도 있었습니다. 그러다 보니 깊이 있는 만남이 이루어지지 않았습니다. 어떤 교회는 양육 과정이 지나치게 길어 새가족에게 지루함을 주기도 했습니다. 이 같은 평가를 반영하여, 본 교재는 6주 과정으로 구성하였습니다. 길지도 짧지도 않은 알맞은 과정입니다.

교재 집필을 위하여 수고한 분들이 있습니다. 종교교회에서 오랫동안 새가족 양육을 담당한 송민혜 전도사가 교회 현장에서 실험을 거치며 집필에 큰 공헌을 하였습니다. 또한 남궁희수 목사, 백수아 전도사가 곁에서 아낌없는 헌신을 하였습니다. 문지희 목사는 감수를 도맡아 해주었습니다. 모든 분께 감사를 드립니다.

본 교재를 통하여 새가족을 진심으로 사랑할 수 있기를 기도합니다. 개체교회마다 양육 사역이 활성화되어 성숙한 성도가 많아지길 기도합니다.

기독교대한감리회 교육국

교재의 특징과 구성, 흐름

1. 교재의 특징

1) 예수님을 믿기로 결심한 새가족을 대상으로 합니다.
2) 성도의 의미부터 주님과 동행하는 삶, 교회생활까지 차츰 전개되어 주요 내용을 이해하기 쉽습니다.
3) 인도자와 새가족이 함께 읽으며 진행하는 방식입니다.

2. 교재의 구성

1) '성도, 사랑, 죄, 구원, 동행, 교회생활' 6개의 주제로 6주간 진행할 수 있습니다.
2) 도입 부분은 그 과의 주제를 근거로 가볍게 질문하고 답하는 나눔식으로 구성하였습니다.
3) 세 개의 소주제를 따라 진행됩니다.
4) 모임을 마칠 때 함께 기도할 수 있게 기도문을 제시하였습니다.
5) 성경을 인용한 경우에는 함께 읽어 볼 수 있게 해당 본문을 제시하였습니다.

3. 교재의 흐름

1과는 성도의 의미와 성경의 중요성, 새로운 삶에 대한 결단에 대해 배우는 시간입니다.

2과는 그리스도인들이 행해야 할 사랑이 주제입니다. 하나님 사랑과 먼저 행하신 예수님의 희생, 이웃 사랑에 대해 배우는 시간입니다.

3과는 반드시 짚어봐야 할 죄를 다루는 부분입니다. 죄를 벗어버릴 수 없는 한계와 그로 인한 결과, 죄의 해결을 배우는 시간입니다.

4과는 하나님이 주신 선물인 구원이 주제입니다. 구원의 의미와 조건, 결과를 배우는 시간입니다.

5과는 주님과 동행하는 삶이 주제입니다. 구원 받은 사람은 주님과 동행해야 합니다. 주님과 동행하는 삶은 성령의 은혜로만 가능합니다. 따라서 성령에 대해 배우는 시간입니다.

6과는 교회생활 편입니다. 하나님의 자녀가 실제로 지켜야 할 의무와 실천 사항에 대해 배우는 시간입니다.

Contents

마음 나누기

■ 교회를 소개하는 시간입니다.

우리 교회는 기독교대한감리회 _____ 교회입니다.

우리 교회는 _____ 년도에 창립되어 _____ 년 된 교회입니다.

우리 교회의 역사를 소개합니다.

■ 교회를 섬기는 사람들

담임목사를 비롯하여 교회를 섬기는 분들을 설명합니다.

- 교회의 자랑을 이야기하는 시간입니다.

  교회가 추구하는 목표를 설명합니다.

  우리 교회의 특징을 설명합니다.

- 예배 시간과 모임 안내

  우리 교회의 예배 시간, 모임 등을 안내합니다.

1과

성도,

새로운 삶을 사는 사람입니다

교회에 처음 오신 여러분을 환영합니다. 잠시 여기 모인 분들에게 자신을 소개해 봅시다.

아래의 내용 중 하나를 골라 소개하셔도 좋습니다.

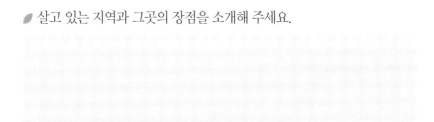

🍃 살고 있는 지역과 그곳의 장점을 소개해 주세요.

🍃 좋아하는 가수와 노래는 무엇인가요?

🍃 어떤 취미를 갖고 계신가요?

서로 비슷하기도 하고, 너무 다르기도 한 우리가 어떻게 하면 모두 '성도'라는 이름으로 묶일 수 있는지 살펴봅시다. 또한 성도로 사는 길을 안내하게 될 '성경'에 대해 배우고, 우리가 그 길로 들어설 때 어떤 변화가 생기는지 함께 공부하겠습니다.

1. 새로운 삶을 살아가는 사람들

'성도'란 예수님을 주인으로 고백하며, 믿고 따르는 사람들입니다. 또 이전과는 다른 새로운 가치관에 눈을 뜨게 되고, 새로운 삶을 살아가는 사람들을 일컫습니다. 성경에는 실수투성이지만 하나님의 사랑을 힘입어 새로운 삶을 살아가는 성도의 이야기가 가득합니다. 교회는 이러한 성도가 모여 하나님을 예배하고, 사랑을 배우는 곳입니다.

교회에 다닌 경험이 있다고 해서 성도가 되는 것은 아닙니다. 교회 문화를 아는 것과 성경 말씀대로 살아가는 것은 다르기 때문입니다. 여러분이 정말 성도가 된다면 어떻게 변화되기를 기대하십니까? 또 무엇이 달라지고, 무엇을 얻을 수 있겠습니까? 아래에 간략하게 적고 나눠 봅시다.

하나님은 기도할 때 들으십니다. 그리고 응답하십니다. 우리를 지으신 하나님은 나에게 가장 좋은 것과 필요한 것이 무엇인지 아십니다. 때로는 그것이 나의 생각과 다를 수도 있지만, 그것이야말로 '하나님이 우리에게 주시고 싶은 것'입니다.

다음의 성경구절을 읽어 봅시다.

　너희가 악한 자라도 좋은 것으로 자식에게 줄 줄 알거든 하물며 하늘에 계신 너희 아버지께서 구하는 자에게 좋은 것으로 주시지 않겠느냐 (마태복음 7장 11절)

　어떠한 순간에도 이 말씀을 기억합시다. 하나님은 무엇보다 우리가 그분 안에서 위로와 평안을 얻고, 바르게 살아가길 원하십니다. 사랑하며 행복하게 살기를 원하십니다.
　앞으로 우리는 하나님이 주시는 '새로운 삶'이 무엇인지, 어떻게 받고 누릴 수 있는지 구체적으로 배울 것입니다.

2. 새로운 삶의 안내자

성경은 지식과 정보를 얻기 위한 책이 아닙니다. 점치듯 인생의 해답을 얻기 위한 정답서도 아닙니다. 달콤한 위로와 격언이 담긴 책 또한 아닙니다. 성경은 하나님의 말씀이 기록된 책입니다. 다음의 성경구절을 읽어 봅시다.

성경은 능히 너로 하여금 그리스도 예수 안에 있는 믿음으로 말미암아 구원에 이르는 지혜가 있게 하느니라 (디모데후서 3장 15절)

성경은 우리에게 '구원'이라는 새로운 삶에 이르는 지혜를 줍니다. 그리고 구원 받은 삶이 무엇인지, 어떻게 누릴 수 있는지 안내해 줍니다.

여러분은 누구의 말을 제일 신뢰합니까?

여러분이 가장 신뢰하는 것은 무엇인지 잠시 생각해 봅시다.

예 : 사람, 학문, 경험 등

세상에는 위대한 성인들, 철학자들, 역사학자들의 지혜가 담긴 좋은 책이 많습니다. 그 책들은 사람들의 인생에 영향을 미치며, 삶의 기준이 되기도 합니다. 그러나 사람의 경험과 지식으로 이루어진 책에는 오류가 있을 수 있기 때문에 이를 전적으로 의지해서는 안 됩니다.

성도에게는 이보다 위대한 지침서가 있습니다. 바로 성경입니다. 다음의 성경구절을 읽어 봅시다.

주의 말씀은 내 발에 등이요 내 길에 빛이니이다 (시편 119편 105절)

사람들은 모두 한 번뿐인 소중한 인생을 살고 있습니다. 또 하나님이 주신 인생을 소중하게 가꿀 의무와 권리가 있습니다. 수많은 사람들이 성경을 읽고 자신의 삶이 변화되었음을 증명하였습니다. 성경으로 시작하는 새로운 삶! 시작해 볼까요?

3. 새로운 삶으로의 변화

다음의 성경구절을 읽어 봅시다.

> 그런즉 누구든지 그리스도 안에 있으면 새로운 피조물이라 이전 것은 지나
> 갔으니 보라 새 것이 되었도다 (고린도후서 5장 17절)

예수님을 믿고 성경말씀을 실천하면, 하나님의 모습과 성품이 우리에게도 나타나기 시작합니다. 이전에는 열심히 사는 동기가 더 많이 가지려는 욕심이었다면, 이제는 더 많이 나누기 위한 동기로 변화됩니다. 자신만을 위한 삶에서 다른 사람을 위한 삶으로 성숙해가고, 비로소 인생의 참 기쁨과 보람을 누리며 살게 됩니다.

하나님은 성도에게 새로운 삶을 일방적으로 명령하시고, 단순히 방법을 가르치시는 분이 아닙니다. 새로운 존재로 변화시켜 주셔서 새로운 삶을 살도록 이끄시는 분입니다.

여러분, 하나님을 믿고 새로운 삶의 길을 따라가시겠습니까? 하나님께서는 지금 여러분 삶의 문 밖에서 노크하고 계십니다. 다음의 성경구절을 읽어 봅시다.

> 볼지어다 내가 문 밖에 서서 두드리노니 누구든지 내 음성을 듣고 문을 열면
> 내가 그에게로 들어가 그와 더불어 먹고 그는 나와 더불어 먹으리라 (요한계시록 3
> 장 20절)

기도 자비하신 하나님, 많은 사람 중에서 구별하여 거룩한 성도로 불러 주시니 감사합니다. 이제부터 이 교회를 통하여 새로운 삶을 살게 해 주옵소서. 인생의 기쁨을 새롭게 누리는 놀라운 역사가 있게 하옵소서. 그러기 위해서 하나님을 더욱 알게 하시고, 믿게 해 주옵소서. 또 교회에 잘 적응할 수 있게 인도하여 주옵소서. 예수님의 이름으로 기도합니다. 아멘.

2과

사랑,
우리에게 주신
하나님의 명령입니다

지금까지 살아오면서 가장 행복했던 순간을 떠올려 그림이나 글로 표현해 보십시오.

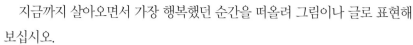

왜 행복했나요?

저마다 경험은 다르지만, 행복한 순간에 대한 이야기 안에는 '사랑'이 있습니다. 사람들이 행복을 느끼는 대부분의 순간에는 사랑의 감정이 빠지지 않기 때문입니다. 사람들은 진정한 사랑을 받거나 줄 때에 비로소 행복을 느낍니다.

1. 하나님 사랑

하나님께서 우리에게 원하시는 것은 '사랑'입니다. 그래서 성도는 사랑을 중요하게 생각해야 합니다. 예수님도 하나님의 뜻이 무엇인지 우리에게 다음 과 같이 말씀하셨습니다. 함께 읽어 봅시다.

> 예수께서 이르시되 네 마음을 다하고 목숨을 다하고 뜻을 다하여 주 너의 하나님을 사랑하라 하셨으니 이것이 크고 첫째 되는 계명이요 (마태복음 22장 37~38절)

하나님은 우리에게 하나님과 이웃을 사랑하는 삶을 원하십니다.

그렇다면 하나님을 사랑한다는 것은 어떤 의미일까요? 다음의 성경구절을 읽어 봅시다.

> 사랑은 여기 있으니 우리가 하나님을 사랑한 것이 아니요 하나님이 우리를 사랑하사 우리 죄를 속하기 위하여 화목제물로 그 아들을 보내셨음이라 (요한1서 4장 10절)

"우리가 하나님을 사랑한 것이 아니요 하나님이 우리를 사랑하사"라고 합니다. 즉 하나님을 사랑한다는 것은 그분이 먼저 주신 사랑을 받아들이는 것, 다른 말로 하면 '하나님의 사랑을 믿는 것'입니다. 하나님의 사랑은 예수 그리스도를 통해 분명하게 드러났습니다. 예수 그리스도는 이 땅에 오셔서 우리의 죄를 깨끗하게 하셨습니다. 이 복음을 진정으로 믿을 때 하나님을 기쁘시게 할 수 있습니다.

2. 예수님을 통한 사랑

사람들은 사랑을 원하면서도 사랑과 반대되는 탐욕, 이기심, 시기와 질투 같은 악한 모습을 보입니다. 이것은 우리가 모두 죄인임을 알려 줍니다. 하나님은 죄인들을 안타깝게 여기셔서 심판 대신 예수 그리스도를 이 세상에 보내셨습니다. 그리고 죄로 인한 고통의 대가를 대신 치르게 하셨습니다. 다음 말씀은 예수님의 죽음을 이사야 선지자가 예언한 내용입니다. 다음의 성경구절을 읽어 봅시다.

> 그는 실로 우리가 받아야 할 고통을 대신 받고, 우리가 겪어야 할 슬픔을 대신 겪었다. 그러나 우리는, 그가 징벌을 받아서 하나님에게 맞으며, 고난을 받는다고 생각하였다.
> 그러나 그가 찔린 것은 우리의 허물 때문이고, 그가 상처를 받은 것은 우리의 악함 때문이다. 그가 징계를 받음으로써 우리가 평화를 누리고, 그가 매를 맞음으로써 우리의 병이 나았다.
> 우리는 모두 양처럼 길을 잃고, 각기 제 갈 길로 흩어졌으나, 주님께서 우리 모두의 죄악을 그에게 지우셨다.
> 그는 굴욕을 당하고 고문을 당하였으나, 아무 말도 하지 않았다. 마치 도살장으로 끌려가는 어린 양처럼, 마치 털 깎는 사람 앞에서 잠잠한 암양처럼, 끌려가기만 할 뿐, 아무 말도 하지 않았다. (이사야 53장 4~7절, 새번역)

하나님의 사랑은 예수 그리스도의 십자가 죽음과 희생을 통해 우리에게 전해졌습니다. 예수님은 십자가에서 죽기까지 우리를 사랑하셨습니다. 이 사랑은 희생과 고통이 있었기에 더욱 값집니다. 사랑은 단지 행복한 감정을 뛰어넘어 희생과 고통까지도 감수하는 것입니다.

3. 이웃 사랑

사람들은 진정한 사랑을 원합니다. 그런데 생각과는 달리 '사랑' 때문에 상처를 받고, 고통을 겪기도 합니다. 이유가 무엇일까요? 사랑에 대한 잘못된 정의 때문입니다. 대중매체나 간접 경험을 통해 사랑을 배우게 되는 경우가 많은데, 그렇게 배운 사랑에 대한 다양한 정의가 도리어 우리를 혼란스럽게 합니다. 하나님은 우리가 믿고 실천해야 하는 진정한 사랑이 무엇인지 성경을 통해 말씀해 주셨습니다. 다음의 성경구절을 읽어 봅시다.

> 사랑은 오래 참고 사랑은 온유하며 시기하지 아니하며 사랑은 자랑하지 아니하며 교만하지 아니하며 무례히 행하지 아니하며 자기의 유익을 구하지 아니하며 성내지 아니하며 악한 것을 생각하지 아니하며 불의를 기뻐하지 아니하며 진리와 함께 기뻐하고 모든 것을 참으며 모든 것을 믿으며 모든 것을 바라며 모든 것을 견디느니라 (고린도전서 13장 4~7절)

말하기는 쉽지만 실제로 행동하기는 참 어려운 덕목들입니다. 어려울 때마다 하나님께서 먼저 보여 주시고 행하신 사랑을 기억하십시오. 누군가를 사랑하는 일은 저절로 되지 않고 노력과 희생이 따릅니다. 그래도 사랑해야 합니다. 하나님의 사랑을 나에게서 멈추게 하지 않고, 나를 통해 주변 사람들에게로 흘러가도록 해야 하기 때문입니다. 다음의 성경구절을 읽어 봅시다.

> 만일 우리가 서로 사랑하면 하나님이 우리 안에 거하시고 그의 사랑이 우리 안에 온전히 이루어지느니라 (요한서 4장 12절)

하나님의 사랑으로 인해 우리는 서로 사랑할 능력을 얻었습니다. 하나님을 사랑하는 것과 이웃을 사랑하는 것은 결국 하나입니다. 이웃에게 사랑을 표현하는 것이 곧 하나님을 사랑하는 일입니다. 또 하나님의 뜻을 이루는 것입니다. 이웃 사랑을 실천하기 위해 가장 필요한 것은 무엇일까요? 실천하고 싶은 대상을 적고, 방법을 적어 보십시오.

자기를 위하여 사는 것에 익숙한 우리가 이웃을 사랑하며 살 수 있는 것은 하나님의 변함없는 사랑을 끊임없이 받고 있기 때문입니다. 서로 사랑하며 살아가는 것, 그것이 하나님의 뜻입니다. 우리가 창조주 하나님을 사랑하여 그 뜻에 순종할 때, 하나님은 피조물에게 가장 큰 기쁨을 주십니다. 하나님과 더불어 새로운 삶을 살아가기를 결단하시겠습니까?

기도 사랑의 하나님, 언제나 우리를 사랑해 주셔서 감사합니다. 또 많은 사람 중에 나 같은 사람도 거룩한 자녀로 인정해 주시고 주님의 교회로 인도해 주시니 감사합니다. 사람의 사랑은 식기도 하지만 우리를 향한 하나님의 사랑은 영원하심을 고백합니다. 하나님과 예수님의 사랑을 배워 우리도 이웃을 사랑하는 실천이 있게 해 주옵소서. 예수님의 이름으로 기도합니다. 아멘.

3과

죄,
우리가 해결할 수 없는 아픔입니다

아무도 없는 골목길에 두둑해 보이는 지갑이 떨어져 있습니다. 먼저 어떤 생각이 드시나요?

갖고 싶다는 생각이 들지 않으셨나요? 그 생각 자체가 창피한 것은 아닙니다. 순수에 가까운 어린아이들도 욕심을 내거나 친구의 것을 빼앗습니다. 사람은 누구나 악한 본성을 가지고 있기 때문입니다. 남을 미워하거나 분노하는 것은 배우지 않아도 자연스럽게 됩니다. 그러나 이를 다스리고, 남을 용서하고, 배려하는 것은 노력해야 가능해집니다.

다음은 누가복음 15장의 이야기입니다. 함께 읽어 봅시다.

잃어버린 아들 이야기

어떤 사람에게 두 아들이 있었습니다.

어느 날 둘째 아들이 아버지를 찾아와 말했습니다.

"아버지가 돌아가시고 난 후에 저에게 주실 유산을 지금 미리 주십시오."

아버지는 둘째 아들의 말대로 유산을 넘겨 주었습니다.

며칠 후 둘째 아들은 아버지에게 받은 재산을 모두 가지고 집을 떠났습니다. 먼 나라로 여행을 떠난 그는 그곳에서 아버지가 주신 재산을 흥청망청 쓰고 말았지요. 나라에는 큰 흉년이 들었고, 그는 가난해졌습니다. 돼지치기를 하며 근근이 살아가던 그는 문득 아버지가 생각났습니다.

'아… 아버지 집은 여전히 풍족할 텐데 내 꼴이 이게 뭐지. 아버지께로 돌아가자. 하다못해 일꾼으로라도 써달라고 부탁해야겠다.'

그는 정신을 차리고 일어났습니다.

그리고 아버지의 집으로 향했습니다.

아버지의 집이 가까워졌을 때 그는 문 밖에 나와 계신 아버지를 발견했습니다. 아버지는 달려와 그를 힘껏 안아 주셨습니다. 마치 그를 기다리고 계셨던 것처럼 말입니다.

아버지는 불효막심하고 초라하기 그지없는 그를 탓하시기는커녕 마음을 다해 맞이해 주셨습니다. 그리고 그를 위해 잔치를 베푸셨습니다.

1. 사람의 악한 본성

하나님이 사람을 처음 만드셨을 때, 그 사람에게는 악함이 없었습니다. 다음의 성경구절을 읽어 봅시다.

> 하나님이 자기 형상 곧 하나님의 형상대로 사람을 창조하시되 남자와 여자를 창조하시고 (창세기 1장 27절)

사람은 하나님의 모습대로 만들어졌습니다. '하나님의 형상'은 겉모습만을 말하지 않습니다. 사람의 모든 것이 하나님과 닮았습니다. 그리고 자신을 닮은 사람에게 하나님은 자유의지를 주셨습니다. 선택의 순간에 스스로 결정할 수 있는 자유입니다. 선악과 이야기를 아십니까? 아담과 하와는 선택의 순간에 하나님의 명령을 어겼습니다. 그래서 죄를 짓고야 말았습니다. 하나님께서 주신 자유의지를 잘못 사용한 것입니다. 앞서 읽은 이야기의 둘째 아들처럼 말입니다. 우리는 그를 '탕자'라고 부릅니다. 이후 아담의 후손인 우리는 죄를 선택하는 것이 쉽고 자연스럽게 되었습니다. 다음의 성경구절을 읽어 봅시다.

> 모든 사람이 죄를 범하였으매 하나님의 영광에 이르지 못하더니 (로마서 3장 23절)

결국, 사람은 하나님과 멀어졌습니다.

물이 든 컵 두 개가 있다고 가정해 봅시다. 한쪽에는 먹물 한 스푼을, 다른 한쪽에는 먹물 한 병을 부었습니다. 어느 쪽 물이 깨끗할까요? 들어간 먹물의 양에 상관없이 깨끗한 물은 없습니다. 깨끗한 물을 더 부어도 여전히 먹물입니다. 혹시 여러분은 죄가 없다고 생각하십니까? 아무리 가벼운 죄도 죄입니다. 성경은 미워하는 마음이나 생각도 죄라고 합니다.

2. 죄의 결과

다음의 성경구절을 읽어 봅시다.

> 하나님이 세상을 이처럼 사랑하사 독생자를 주셨으니 이는 그를 믿는 자마다 멸망하지 않고 영생을 얻게 하려 하심이라 (요한복음 3장 16절)

하나님은 죄를 싫어하시지만, 만드신 사람까지 미워하지는 않으셨습니다. 재산을 모두 탕진하고 돌아온 아들을 기쁜 마음으로 맞이한 아버지처럼 말입니다. 하나님은 죄의 대가를 죄인들에게 묻지 않고 대신 해결하기로 결심하셨습니다. 그리하여 하나뿐인 아들 예수 그리스도를 이 땅에 보내셔서 죄의 대가를 지불하게 하셨습니다.

만약 여러분이 교통사고를 당할 뻔 했는데, 누군가가 여러분을 살리기 위해 뛰어들어 대신 죽었다고 생각해 봅시다. 이후 여러분의 삶은 어떻게 달라질까요? 내가 살았다는 사실에 마냥 기쁘기만 할까요? 곧, 대신 희생한 누군가를 떠올리겠죠. 평생 그 은혜를 잊지 못할 것입니다. 나를 위해 희생당한 그 사람의 가족들에게 은혜를 갚으며 살 것입니다.

3. 죄의 해결

죄를 해결하기 위해서는 하나님 앞에서 마음을 돌이켜 잘못을 인정하고 용서를 구해야 합니다. 다음의 성경구절을 읽어 봅시다.

만일 우리가 우리 죄를 자백하면 그는 미쁘시고 의로우사 우리 죄를 사하시며 우리를 모든 불의에서 깨끗하게 하실 것이요 (요한1서 1장 9절)

용서를 구하고 죄를 사함 받았다면, 이후의 행동은 다르게 나타나야 합니다. 자기의 잘못을 인정했다면, 우선 같은 잘못을 하지 말아야 합니다. 회개했다면 반복되는 상황 속에서도 죄를 선택하지 않고 돌아서는 행동의 변화가 있어야 합니다. 실패하더라도 완전히 변화될 때까지 기도를 통해 하나님께 도움을 구하십시오. 하나님은 하나님의 뜻대로 살고자 애쓰는 사람에게 언제나 용서와 자비를 베푸십니다.

죄를 깨끗하게 사함 받기 위해서는 앞선 이야기 속의 둘째 아들처럼 발걸음을 돌려 하나님께로 가야 합니다. 하나님께서는 우리의 잘못을 탓하지 않으시고 기쁘게 맞이해 주실 것입니다. 우리가 죄로부터 돌아서서 하나님께 가기만 하면 용서받을 수 있습니다.

기도 언제나 우리를 깨끗하게 하시는 하나님, 하나님의 자녀로 살아가지만 온전하지 못한 악한 마음을 품을 때가 많습니다. 정결하고 선한 사람으로 살아가야 하지만 나약한 존재이기에 하나님의 도우심이 필요함을 고백합니다. 날마다 우리의 죄를 깨끗하게 하시고, 지은 죄를 회개하게 하시며, 용서를 베풀어 주옵소서. 그리하여 하나님의 뜻대로 살아가는 자녀가 되게 하옵소서. 예수님의 이름으로 기도합니다. 아멘.

4과

구원,
하나님이 주신
선물입니다

내가 살 수 없는 값비싼 선물을 받아본 적이 있습니까? 어떤 선물이었습니까?

선물을 받았을 때 기분이 어떠셨나요? 누구나 선물을 받으면 기분이 좋아질 것입니다. 우리가 하나님을 살아 계신 분으로 믿고, 예수님을 주인으로 믿는다면 구원이라는 큰 선물을 받습니다. 그 구원 선물은 우리가 어떤 엄청난 행동을 해서 얻는 것이 아닙니다. 믿음만 있으면 받게 되는 것입니다. 하나님은 지금 우리에게 구원을 선물로 주기를 원하십니다.

1. 구원의 의미

'구원'은 '죄에서 건져짐'을 뜻합니다. 그렇다고 죄가 완전히 없어졌다는 말은 아닙니다. 용서를 받았기 때문에 심판을 면하게 되었다는 말입니다. 다음의 성경구절을 읽어 봅시다.

내가 진실로 진실로 너희에게 이르노니 내 말을 듣고 또 나 보내신 이를 믿는 자는 영생을 얻었고 심판에 이르지 아니하나니 사망에서 생명으로 옮겼느니라 (요한복음 5장 24절)

두 번째는 '하나님의 자녀가 되었음'을 뜻합니다. 다음의 성경구절을 읽어 봅시다.

영접하는 자 곧 그 이름을 믿는 자들에게는 하나님의 자녀가 되는 권세를 주셨으니 (요한복음 1장 12절)

죄로 인해 하나님과 멀어졌던 우리는 예수님을 통해 회복되었습니다. 이제는 누구나 하나님을 아버지라 부르고, 직접 기도할 수 있습니다. 하나님은 우리의 아버지가 되셔서 우리를 보호해 주십니다. 가장 좋은 길로 이끄시며, 우리가 잘못된 길로 들어설 때 깨닫고 돌아서도록 인도하십니다. 그렇게 이 땅에서 하나님의 자녀로 살다가 아버지가 부르시면(죽음), 아버지가 계신 집(천국)으로 돌아가게 됩니다.

2. 믿음으로 얻는 구원

다음의 성경구절을 읽어 봅시다.

너희는 그 은혜에 의하여 믿음으로 말미암아 구원을 받았으니 이것은 너희에게서 난 것이 아니요 하나님의 선물이라 행위에서 난 것이 아니니 이는 누구든지 자랑하지 못하게 함이라 (에베소서 2장 8~9절)

성경은 우리의 '믿음'으로 구원을 선물로 받는다고 설명합니다. 그렇다면 어떤 믿음일까요? 다음의 성경구절을 읽어 봅시다.

네가 만일 네 입으로 예수를 주로 시인하며 또 하나님께서 그를 죽은 자 가운데서 살리신 것을 네 마음에 믿으면 구원을 받으리라 (로마서 10장 9절)

예수님께서는 우리를 대신하여 십자가에 달려 돌아가셨고, 3일 만에 다시 살아나셨습니다. 예수님은 우리 인생의 구원자이십니다. 누구든지 예수님을 '주'로 믿고 따르면 죽음 후 하나님 나라에서 그분과 영원히 함께 살게 됩니다.

지난 한 달 동안 교회에 나오면서 나의 삶에 어떤 변화가 있었는지 적어 봅시다.

가정에서 :

직장에서 :

교회에서 :

다음의 성경구절을 읽어 봅시다.

나더러 주여 주여 하는 자마다 다 천국에 들어갈 것이 아니요 다만 하늘에
계신 내 아버지의 뜻대로 행하는 자라야 들어가리라 (마태복음 7장 21절)

구원은 행함으로 얻는 것이 아닙니다. 나의 행함으로 구원 받는다고 하면,
나를 자랑하기 때문입니다. 구원은 전적으로 하나님이 주시는 선물입니다.
그래서 우리에게는 하나님을 믿는 믿음이 필요합니다. 이것이 구원을 얻는
방법입니다. 우리 인생에 예수님이 '주님', 즉 '주인'이 되신다면 마음의 변화,
행함의 열매가 나타납니다.

함께 읽어볼 이야기

우리나라에 기독교가 처음 들어왔을 때, 외국 선교사들은 우리나라 성도
의 변화에 대해 많은 기록들을 남겼습니다. 그 중 몇 가지만 소개하겠습니다.

"전에 김 씨는 농사를 지었는데 술을 즐겨 마셨고, 예쁜 첩도 데리고 있었
습니다. 그런데 예수님을 믿은 후에 첩을 내보냈고 술과 노름도 끊었습니다.
나중에는 그렇게 좋아하던 담뱃대까지 꺾었습니다."

The Korea Mission Field, 71쪽. 1907년 5월 S.F.무어 선교사의 증언

"운산 지방에 살고 있는 한 부인은 노비 모녀를 부리고 있었는데, 한국 법
에 따르면 노비는 가축이나 마찬가지로 주인이 마음대로 처분할 수 있습니
다. 부인은 기독교인이 되고 난 후 어린 노비에게 자유를 주었고, 그가 혼인
할 때 자기 딸처럼 선물을 잔뜩 마련해 주었습니다."

The Korea Mission Field, 173쪽. 1906년 7월. 모리스 선교사의 증언

3. 구원의 결과

"하나님이 우리를 구원하신 이유는 사랑하기 때문이다"라는 말을 들어보셨습니까? 주님은 더 구체적으로 이렇게 말씀하셨습니다. 다음의 성경구절을 읽어 봅시다.

> 예수께서 우리를 위하여 죽으사 우리로 하여금 깨어 있든지 자든지 자기와 함께 살게 하려 하셨느니라 (데살로니가전서 5장 10절)

하나님은 우리와 다시 함께 살고 싶으셨습니다. 그래서 다시는 스스로 돌아올 수 없는 죄의 강을 건너버린 우리에게 예수 그리스도라는 다리를 놓아 주셨습니다. 그 다리를 건너면 우리는 하나님을 만나 함께 살게 됩니다. 가장 안전하고 평화로운 곳이 바로 주님과 함께 있는 곳입니다.

다음 시간에는 '주님과의 동행'에 대한 의미와 구체적인 방법에 대해 더 깊이 배워 봅시다.

기도 구원을 베풀어 주신 하나님, 예수님을 이 땅에 보내 주시어 그분을 믿음으로 죄로부터 구원받게 해 주심을 감사합니다. 선한 행위로 구원받는 것이 아니라 오직 예수를 믿음으로 구원받음을 깨닫게 해 주셔서 감사합니다. 날마다 예수가 나의 주인임을 고백하게 하시고, 마음으로 믿게 하시며, 입술로 시인하게 하옵소서. 예수님의 이름으로 기도합니다. 아멘.

5과

동행,
성령과 함께하면
행복합니다

여러분은 누구와 함께 있을 때 가장 행복합니까? 그 사람과 있으면 왜 행복합니까?

우리를 창조하시고, 아들까지 주시며 사랑하신 하나님은 여전히 우리에게 사랑받기 원하십니다. 하나님을 아버지라 부르는 자녀(우리)와 대화하기 원하시며, 동행하기를 기다리십니다. 또 하나님은 우리가 이 땅에서 하나님 나라를 만들어 가는 모습을 보고 싶어 하십니다. 우리가 속한 이 세상을 여전히 사랑하시기 때문입니다. 그래서 하나님은 먼저 예수님을 보내 주셔서 우리의 죄를 씻어 주시고, 성령을 보내 주셨습니다. 이번 시간에는 우리와 동행하시는 성령에 대해 배워 봅시다.

1. 내 안에 계시는 성령

우리가 하나님의 자녀라는 것을 어떻게 확신할 수 있습니까? 눈에 보이는 문서나 물건도 없는데 말입니다.

그렇다면 다음의 성경구절을 먼저 읽어 봅시다.

> 그가 또한 우리에게 인치시고 보증으로 우리 마음에 성령을 주셨느니라
> (고린도후서 1장 22절)

하나님은 마음에 성령을 주셔서 하나님의 자녀인 것을 보증하게 하신다고 하셨습니다. 그렇다면 눈에 보이지 않는 성령이 우리 안에 계신 증거는 무엇일까요? 다음의 성경구절을 읽어 봅시다.

> 성령으로 아니하고는 누구든지 예수를 주시라 할 수 없느니라
> (고린도전서 12장 3절)

우리가 예수님을 우리의 '주인, 주님'으로 고백할 수 있는 것은 우리 안에 이미 성령이 계시다는 증거입니다. 성령이 언제 우리 안에 오셨는지 정확한 날짜와 시간을 알 수는 없습니다. 누구든지 하나님께 마음을 열면 그분이 우리 안에 오셔서 믿음을 주시고 고백하게 해주신다고 약속하셨습니다. 다음의 성경구절을 읽어 봅시다.

> 볼지어다 내가 문 밖에 서서 두드리노니 누구든지 내 음성을 듣고 문을 열면 내가 그에게로 들어가 그와 더불어 먹고 그는 나와 더불어 먹으리라 (요한계시록 3장 20절)

2. 도우시는 성령

하나님이 보내 주신 성령이 하시는 일은 참으로 많습니다. 그중에 대표적인 것, 세 가지만 살펴보겠습니다.

첫째, 말씀을 가르쳐 주시고 삶 속에서 생각나게 하십니다. 다음의 성경구절을 읽어 봅시다.

보혜사 곧 아버지께서 내 이름으로 보내실 성령 그가 너희에게 모든 것을 가르치고 내가 너희에게 말한 모든 것을 생각나게 하리라 (요한복음 14장 26절)

세상의 유혹과 시험 속에서 성령은 하나님의 말씀을 깨닫고 기억나게 하십니다. 예수님을 믿게 되면 죄를 지을 때 마음에 찔림이 더하게 됩니다. 성령이 우리 안에 계시기 때문입니다.

둘째, 하나님의 말씀대로 살도록 기도하시고 도우십니다. 다음의 성경구절을 읽어 봅시다.

이와 같이 성령도 우리의 연약함을 도우시나니 우리는 마땅히 기도할 바를 알지 못하나 오직 성령이 말할 수 없는 탄식으로 우리를 위하여 친히 간구하시느니라 (로마서 8장 26절)

우리는 욕심을 따라 기도할 때가 많습니다. 성령은 하나님이시기 때문에 우리에게 가장 좋은 것이 무엇인지 아십니다. 그래서 우리가 간절히 기도하다 보면 기도제목이 바뀌는 일이 생깁니다. 성령께서 가장 좋은 것을 구할 수 있도록 도와주시기 때문입니다.

셋째, 우리에게 하나님의 말씀을 행할 수 있는 능력을 주십니다. 다음의 성경구절을 읽어 봅시다.

오직 성령이 너희에게 임하시면 너희가 권능을 받고 예루살렘과 온 유대와 사마리아와 땅 끝까지 이르러 내 증인이 되리라 하시니라 (사도행전 1장 8절)

성령은 우리에게 능력을 주십니다. 세상에서 더 높은 곳에 올라가라는 능력이 아닙니다. '하나님이 세상을 이처럼 사랑하심'을 증거하라고 주시는 능력입니다. 성경에는 수많은 기적들이 나옵니다. 모든 기적의 목적은 하나입니다. 그것은 우리와 함께 계시며 우리를 용서하시고 사랑하심을 나타내시기 위함입니다. 우리는 성령이 주시는 능력을 힘입어 우리 의지로 사랑할 수 없는 사람을 사랑하고, 우리 힘으로 할 수 없었던 섬김을 실천할 수 있습니다.

3. 성령의 충만하심

'성령의 충만함'은 '구원 받음'만큼이나 많이 듣는 말입니다. '성령의 충만함'은 성령이 우리 마음을 완전히 장악하여 다스리시는 상태를 말합니다. 그렇다고 우리의 의사와 상관없이 우리를 휘두르는 게 아닙니다. 우리가 성령의 다스림을 구하고 순종할 때, 성령이 충만케 되는 것입니다.
성령이 우리를 다스리실 때 우리에게는 어떤 일이 일어날까요? 다음의 성경구절을 읽어 봅시다.

오직 성령의 열매는 사랑과 희락과 화평과 오래 참음과 자비와 양선과 충성과 온유와 절제니 이같은 것을 금지할 법이 없느니라 (갈라디아서 5장 22~23절)

술에 취하면 껌을 씹고, 물을 마셔도 술 냄새가 납니다. 아무리 똑바로 걷고 싶어도 우리의 의지와 상관없이 비틀거릴 수밖에 없습니다. 마찬가지로 성령 충만하면 저절로 그리스도의 향기가 나고, 성령의 성품에 맞는 열매가 나타납니다. 결국 우리의 인생은 우리의 의지나 신념이 끌고 가는 것이 아니라 '누구를 주인으로 모시고 사는가?' '어떤 목적으로 사는가?'에 달려 있습니다.

여러분, 정말로 행복하게 살고 싶지 않으십니까? 천국을 맛보며 살고 싶지 않으십니까? 그렇다면 하나님께 여러분의 삶을 맡기십시오.

기도 지금도 나와 함께하시는 하나님, 내 곁에서 나를 위로하시고, 도우시는 성령의 은총에 감사합니다. 성령은 지금 나와 함께하시는 하나님입니다. 그 성령 덕분에 우리는 위로받고 용기를 가지며 살고 있습니다. 따라서 날마다 성령과 동행하는 삶이 되도록 기도하게 하옵소서. 성령과 함께하면 행복한 생활을 한다는 것을 느끼게 하옵소서. 예수님의 이름으로 기도합니다. 아멘.

교회생활,
하나님이 정말 기뻐하시는 일입니다

솔직한 마음으로 이야기 나누어 봅시다.

🌿 교회에 오셨을 때 감동적이거나 인상 깊었던 것이 있었나요?

🌿 교회에서 아주 친절하게 대해 준 분이 있으신가요?

🌿 교회에서 불편했던 점이 있었나요?

🌿 목사님에게 부탁하고 싶은 말씀이 있으신가요?

어느 조직의 구성원이 된다는 것은 그곳에 소속한다는 것을 의미합니다. 이제 여러분도 우리 교회에 소속한 거룩한 신분입니다. 예배만이 아니라 여러 가지 교회 일에 참석하여 봉사하면 즐거운 교회생활을 하게 될 것입니다.

1. 새로운 삶을 살아가는 사람들

1) 예배의 의미

예배란 하나님을 찬양하고 경배하는 일입니다. 그리고 하나님을 영적으로 만나는 시간입니다. 예배는 그리스도인의 의무이자 가장 기초가 되는 생활입니다. 다음의 성경구절을 읽어 봅시다.

할렐루야 그의 성소에서 하나님을 찬양하며 그의 권능의 궁창에서 그를 찬양할지어다 (시편 150편 1절)

2) 예배할 때의 자세

· 30분 전에 나와서 경건한 마음으로 예배를 준비해야 합니다.
· 주보를 보며 말씀을 미리 찾아 읽는 습관을 가져야 합니다.
· 예배 전 자리에 앉아 옆 사람과 잡담을 하거나 전화하는 행위는 자제해야 합니다.
· 가급적 단정하거나 깨끗한 옷을 입고 오면 좋습니다.
· 정신을 집중해서 목사님이 선포하시는 말씀을 계속 들으면 은혜가 됩니다.

다음의 성경구절을 읽어 봅시다.

하나님은 영이시니 예배하는 자가 영과 진리로 예배할지니라 (요한복음 4장 24절)

그러므로 형제들아 내가 하나님의 모든 자비하심으로 너희를 권하노니 너희 몸을 하나님이 기뻐하시는 거룩한 산 제물로 드리라 이는 너희가 드릴 영적 예

배니라 (로마서 12장 1절)

3) 주일 예배 잘 드리기

주일은 '주님의 날'이란 뜻으로, 다른 날과 구별하여 거룩히 지키는 날입니다. 예수님이 십자가에서 돌아가신 후 안식일 다음날 새벽에 부활하셨기 때문에 우리는 그 부활을 기념하여 주일을 지키고 있습니다. 하나님의 자녀는 주일에 예배드리는 일을 꼭 지키는 것이 중요합니다. 주일을 정성스럽게 지키면 행복한 믿음생활을 하게 됩니다. 이것은 하나님을 믿는 백성이 가장 기본적으로 지켜야 할 의무입니다. 다음의 성경구절을 읽어 봅시다.

안식일을 기억하여 거룩하게 지키라 (출애굽기 20장 8절, 참조 : 출애굽기 20장 9~10절)

Tip. 예배, 기도회, 모임의 종류

[예배]
주일낮 예배, 주일저녁(오후) 예배, 교회학교 예배, 중고등부 예배,
청년부 예배 등

[기도회 및 모임]
새벽 기도회, 수요일 기도회, 금요심야 기도회, 속회, 제자훈련, 소그룹모임,
중보 기도회, 속장훈련 등

** 위 사항은 교회에 따라 조금씩 다를 수 있습니다.

2. 봉사와 헌금

1) 봉사

봉사는 교회와 성도를 위해 도우며 희생한다는 의미가 있습니다. 봉사는 자신이 가진 신체와 물질, 정신적인 것 등을 동원하여 돕는 일입니다. 교회 생활에 있어 봉사는 예수님의 삶을 따르는 좋은 본보기가 됩니다. 또 봉사를 함으로써 교회생활에 기쁨과 행복을 누리게 됩니다. 다음의 성경구절을 읽어 봅시다.

각각 은사를 받은 대로 하나님의 여러 가지 은혜를 맡은 선한 청지기 같이 서로 봉사하라 (베드로전서 4장 10절)

성도들의 쓸 것을 공급하며 손 대접하기를 힘쓰라 (로마서 12장 13절)

Tip. 교회에서 봉사할 수 있는 내용

예배 안내 및 헌금위원, 성가대원, 주차 안내, 주보 접기, 전도 활동, 교회학교 교사, 식당 봉사, 꽃꽂이, 교회 청소, 독거노인 돌보기, 환우 심방 등

** 위 사항은 교회에 따라 조금씩 다를 수 있습니다.

2) 헌금

헌금은 하나님께서 나를 매순간 보살피시고 도와주시는 은혜에 감사하여 정성껏 물질을 드리는 생활을 말합니다.

- 십일조 헌금

십일조 헌금은 한 달 수입의 십분의 일을 하나님께 드리는 생활입니다. 처음에는 좀 부담이 되겠지만 믿음이 생기면 십일조 생활을 해야 합니다. 다음의 성경구절을 읽어 봅시다.

만군의 여호와가 이르노라 너희의 온전한 십일조를 창고에 들여 나의 집에 양식이 있게 하고 그것으로 나를 시험하여 내가 하늘 문을 열고 너희에게 복을 쌓을 곳이 없도록 붓지 아니하나 보라 (말라기 3장 10절)

- 감사헌금

매일 하나님의 은혜와 사랑을 받지 않으면 우리는 살 수 없습니다. 그러므로 하나님의 도우심에 감사해야 합니다. 매 순간 아무 사고 없이 살아갈 수 있는 것이 하나님의 보살핌이라는 것을 알면 하나님께 감사할 수밖에 없습니다. 오늘도 푸른 풀밭과 잔잔한 물가로 인도하시는 하나님의 은혜에 감사합시다. 다음의 성경구절을 읽어 봅시다.

여호와는 나의 목자시니 내게 부족함이 없으리로다 그가 나를 푸른 풀밭에 누이시며 쉴 만한 물 가로 인도하시는도다 (시편 23편 1~2절)

모든 육체에게 먹을 것을 주신 이에게 감사하라 그 인자하심이 영원함이로다 (시편 136편 25절)

선교비, 전도비, 교회학교 교육비, 교회관리비, 차량유지, 건축비, 소모품, 장학금, 목회자사택 관리비, 목회자 및 교회 인건비 등

** 위 사항은 교회에 따라 조금씩 다를 수 있습니다.

3. 지역과 이웃, 일터에서 자랑이 되는 생활

하나님을 믿는 자녀들은 교회 다니지 않는 사람들에게 본이 되는 생활을 해야 합니다. 따라서 말과 행동이 발라야 하며, 착한 행실로 예수님을 닮아가도록 힘써야 합니다. 다음의 성경구절을 읽어 봅시다.

사랑에는 거짓이 없나니 악을 미워하고 선에 속하라 (로마서 12장 9절)

지역과 이웃에 본이 되는 생활은 예수님을 알리는 전도의 효과를 낼 수 있습니다. 아무리 복음을 전한다 해도 본이 되는 생활을 하지 않으면 상대방이 인정하지 않습니다. 묵묵히 착한 행실과 봉사, 섬기는 생활을 해야만 내 주변 사람들이 큰 감동을 받습니다.

좀 더 구분하여 정리해서 생각해 볼까요?
1. 우선 행복한 가정을 이루어 가도록 힘써야 합니다.

2. 이웃과 지역사회를 위해 봉사해야 합니다.

3. 나라와 민족의 평안과 질서를 위해 기도해야 합니다.

기도 은혜와 사랑이 충만하신 하나님, 교회의 성도로 이끌어 주셔서 진심으로 감사합니다. 불편하더라도 교회 생활에 잘 적응하도록 인도하여 주시고, 시간이 갈수록 하나님의 은혜를 더욱 깨닫게 해 주옵소서. 또 하나님 말씀과 사랑을 더욱 느끼도록 지혜를 주옵소서. 그리하여 하나님의 큰 복을 받는 믿음의 성도가 되게 해 주옵소서. 예수님의 이름으로 기도합니다. 아멘.

Memo

"무엇보다 가장 좋은 것은 하나님이 우리와 함께 계시는 것이다."

[존 웨슬리가 임종 시 남긴 고백]

새가족 양육교재
만나서 반갑습니다

초판 1쇄   2015년 6월 12일
　　5쇄   2024년 1월 12일

기독교대한감리회 교육국 엮음

발 행 인   이　철
편 집 인   김정수

펴 낸 곳   도서출판kmc
등록번호   제2-1607호
등록일자   1993년 9월 4일

　03186 서울특별시 종로구 세종대로 149 감리회관 16층
　(재)기독교대한감리회 도서출판kmc
　TEL. 02-399-2008 FAX. 02-399-4365
　https://www.kmcpress.co.kr

인　쇄   리더스커뮤니케이션

값 3,500원
ISBN 978-89-8430-680-6 04230
　　　978-89-8430-679-0 04230(세트)